AF485081

9 789977 960027

رسائل ستصل

أُمَيَّة أمين أبو عيد

اسم الـــعـمل: رسائل ستصل

اسم الكـــاتب: أُمَيَّة أمين آبو عيد

المراجعة اللغوية: ضحى علاء

تصميم الغلاف: شيماء منير

تصميم وإخراج: 

تنسيق وإخراج داخلي: روان النمكي

رقم الإيداع: 2024/22953

الترقيم الدولي: 978-977-9600-27-7

فُصْحَى للنشر والتوزيع

Darfosha@gmail.com

01061318637

رسائل ستصل

أُمَيَّة أمين أبو عيد

بين كل تلك السطور رسائل كُتبت لكي تصل

ولا تبق كشوكة في الحلق، وغصة في القلب

فكانت ثمار هذا الكتاب

إهداء إلى:

من يلفظ اسمي بكامل حركاته ويناديني كما أُحب وهو وهو كل من أُحب فهو مصدر أماني وسعادتي رغم بعده عني وقربه من فؤادي!

إهداء

إلى اللذين يسعيان كثيرًا من أجلي.

إلى ذلك الشخص الذي

عندما يعرف أنني نشرت كتابي،

سيتلهف لقراءته؛

فيجد له رسالة في فحواه.

إلى كل من ترك أثرًا في هذه النفس، وجعلها تفكر بشكل أفضل .

إلى من فارقوني مغادرين دنيا الهوان،

إلى دار الخلود لأنازع قدري المؤلم،

على مُر غيابهم .

إلى وطني الحبيب،

وغزتي المنكوبة،

وقدسي الحزينة،

إلى كل من هو مهم،

أو كان مهمًّا في حياتي .

في داخل كل واحدٍ منا حكاية ينزفُ جرحها
كل يومٍ، وفي داخل كلٍّ منا كلام محبوس يمزق أحشائنا، ولو أن شعوره
مجرد كلام؛ لفعلنا لكنه أكثر من ذلك؛ فهنالك رسائل كتبتها على لسان
أشخاص إلى أشخاص أخَرين.

يا رفيق:

يتعافى المرء بقرب من يُحب، فكن بقرب من تحب ولو اجتمع العالم على أن لا تكونوا بقرب بعضكما .

يا رفيق، رفقًا بقلبك، فكلها دنيا زائلة لا بقاء لها؛ فهنالك من ينتظرك ليلملم شتاتك ويُمسك بيدك ليُدخلك الجنة؛ لذلك أقول لك: كن بقرب من تحب .

يا رفيق، لا تأخذ الناس على محمل الجد، فمنهم الصديق الصدوق ومنهم العدو اللدود .

ذاك الذي ينتظرك على أحر من جمر لتخطئ، ليرمي لك حبلًا تظنه حبل نجاتك، ولكنه الحبل الذي سيأخذ بيدك إلى الهاوية .

ولكنك إن كنت مع من تحب، لن يجعلك تُخطئ، ولو أخطأت سيرمي لك حبل نجاتك ويحتضنك أنت وخيباتك صغيرها وكبيرها، وسيلملم شتاتك وسيعدل تعثراتك المتكررة، وسيحبك بكل مساوئك قبل محاسنك، وستتعافى أنت به وسيتعافى هو بك؛ لذلك يا رفيق، كن بقرب من تحب،

فكل مرء يتعافى بقلب محب صادق، ولو كنت أسوأ شخص في العالم أجمع.

عن نفسي:

لم أكتب عن نفسي بإرادتي،

فعلت ذلك بعد طلب أحدهم أن أكتب عني وعن تفاصيلي إن الصفة الأولى التي بي هي أنني غريبة الأطوار ومتسرعة جداً في اتخاذ قراراتي .

هذه الفتاة التي تدعى "أُمَيّة"،

أكثر شيء يجعل قلبها يبتسم هو أن يناديها الآخرون باسمها كما هو دون إضافة أي حرف أو تغيير في لفظه .

تبلغ من العمر سبعة عشر عامًا من المغامرة، تنتمي إلى عائلة تختلف عن باقي عائلتها من جميع الجهات .

لديها الكثير من الصداقات وحشدًا من المعارف ولكن ليس هائلًا، فهذه كلمة

ليست معبرة عن كل المعارف التي تعرفها .

إنها طيبة القلب، فمن يعرفها يعرف مدى طيبة قلبها ومع ذلك تمتلك شخصية قوية جدًّا .

لا تخاف من أحدٍ؛ لأنها عندما كانت صغيرة أخبرها والدها بأنها طالما تسلك طريقاً صحيحاً، فلا تخاف من أي أحد مهما كان .

تُجيد الكتابة وتتفنن في كتابة النصوص لأنها تعلم أن الكتابة عالمها الوحيد الذي تستطيع من خلاله البوح بما لا تستطيع قوله، لديها نبرة صوت غريبة وتمتلك موهبة الإلقاء، تُجيد صنع جميع أنواع الطعام والحلويات بحرفية، وتحب الطبخ كثيرًا، فهو عالمها الثاني بعد الكتابة .

كانت تذهب إلى المسجد دائمًا، ورغم بعده عن منزلها؛ إلا أنها لا تشعر بطول الطريق، ففؤادها معلق به جدًّا لها حكايات مع القهوة والقراءة، ودون إطالة، تحبها كثيرًا، وأكثر من البشر أحيانًا.

نشأت بين شابين وأربع فتيات، ثم عاشت مع جدتها ما يقارب ست سنوات، ثم عادت إلى أحضان عائلتها من جديد .

تحب النجوم كثيرًا واعتادت على الحديث معهم، تضيف كل يوم تفاصيل جديدة إلى حياتها الخاصة، تخاف من أحزانها ولا تبوح بما تعاني إلا إلى من تشعر بقربه بالأمان، تتعلم من أخطائها ولكن ليس بسرعة، إنها ليست ملاكًا بل هي مليئة بالعيوب، لكنها رحيمة ولطيفة، وكل من يراها يحبها.

عاطفية جدًّا مع الجميع ومع نفسها، وهبها الله الكثير من النعم والمواهب، مزاجية، كثيرة النسيان لأشياء لا تريد نسيانها، وكثيرة الحفظ لأشياء تريد نسيانها، تلتمس للغائبين ألف عذر، وشديدة الغيرة على من تحب ومن يخصها، هذهِ أنا

إلَهي:

أقبل إليك بكلي مليئةً بأذى الدنيا تائهة أبحث عن طريقي، آتيتك هاربة من هموم وثقل الدنيا

لأتضرع بين يديك خاضعة متذللة لرحمتك فترحمني أضعاف ما رجوتك به، آتيتك راجية منك أن تمحو كل أحزاني؛ فترفق بقلبي فتنهال عليّ برحمتك، أبكي بين يديك لأزيل ذلك الحمل.

أعلم أنني لست صالحة بما يكفي، ولكنك تعلم ما أفعله، وما أقاوم به نفسي لتفعله؛ لأحظى بقربك في العُلا؛ لكن النفس أمارة بالسوء؛ فتارة أتحكم بها وتارة أفلت زمام أموري فأعود إليك باكية راجية أن تختار لي ولا تخيرني؛ لأنك وحدك من يعلم قدري فستختار لي

الصواب وتبعدني عن طريق للخطأ لملم شتاتي ولا تحملني ما لا طاقة لي به، أنت تعلم ما تخفي القلوب

فاجعلني خفيفة القلب، وارزقني حبك وحب من يحبك

كم أحبك وأنت وحدك تعلم بأن مقدار حبي لك لا يقاس بمقياس.

إليكِ أُمي:

أبدأ بأنني أعتذر عن كل ما بدا مني من سوء

وأفعال لا تقبلي بأن تكون بي، وأرجو منكِ أن لا تحزني مني وأن تسامحيني، من ثم ولأول مرة أفعلها وأكتب لكِ ولكنها ليست المرة الأولى بالحقيقة؛ لأنني دائمًا أكتبُ رسائل لا تصل ولا تقرأ؛ إلا إنها المرة الأولى أن تقرأي ما سأكتبه لكِ.

أُمي عزيزتي أُحبكِ كثيرًا وفوق كل ذلك الكثير، لا أعلم كيف أصِف لكِ حبي، أكتب لكِ لأنني أعلم بأنكِ الملجأ الأول والأخير، وسندي حينما أحتاجك دون مقابل.

أُمي إنني أتمزق من الآلم، أعلم بأنك متعجبة؛ لأنني في

كل مرة أبكي كثيرًا من شدة الألم، ولكن هذه المرة هناك سببان لعدم بكائي .

الأول أنني وعدت أحدهم بأن لا أُظهر ضعفي لأحد، فأنا الآن في أضعف أوقاتي، والثاني أنني أحتفظ بكل تلك الدموع إلى وقتٍ آخر قد أحتاجها فيه أكثر؛ ولكنني يا أُمي أشعر بأن هنالك سكاكين تقطع أحشائي إربًا إربًا وصداع لعين يسكن في ثنايا رأسي، أريدك يا أُمي بجواري فأنا بحاجتكِ

كثيرًا، ولا أعلم كيف أقول لكِ فلا طريقة غير الكتابة لدي فأنا بارعة بها مثلكِ، هل تعلمين يا أُمي كم كنتُ أبكي كل ليلة؟

وكم كنتُ أصلي وأدعو ربي؟

لأنني لم أكن بأنكِ تحبينني، كان يقال لي دائماً بأنكِ لا تحبينني؛ لذلك أنا عند جدتي وكبرتُ على ذلك الشيء

حتى في يومٍ من الأيام رغم صغري وقفت بين يدي ربي ودعوته قائلة " ربي أرني إن كانت أُمي تحبني "

وبعد مدة قصيرة من ذلك الوقت إبتلاني ربي بالمرض

والذي لا زلت أُعاني منه صامتة أتجرع كأسه دون أن يشعر أي أحدٍ وكأن لا شيء يحدث، وأتظاهر بالقوة والتماسك ولكني في الحقيقة هشة للغاية، وفي ذلك الوقت صُدمتُ بحقيقة لم أكن أعلم بها، فأنتِ وحدكِ من كنتِ معي في ليلة من ليالي الشتاء والطقس شديد البرودة .

تجلسين فوق رأسي على كرسيٍ لا أعلم كيف كنتِ تنامين في ذلك الوقت، أو لا أتذكر بالأحرى .

علمت بأن لا أحد يحبني مثلك يا أمي، رغم كل تلك المسافات التي كانت بيننا ورغم ذلك البعد اللعين الذي فرقَّنا، ولكني يا أمي أُحبكِ .

أكتب إليكِ وأنا أبكي؛ لأنني لا أستطيع فعل شيء سوى البكاء، فقط أبكي كطفلٍ ضائعٍ يبحث عن أمه وعن النجاة، ويحاول جاهدًا أن يجدها، أبكي كأنني في متاهةٍ لا أعرف أي طريقٍ أسلكه فأنجو أنا ونفسي وأحشائي ورأسي، ولكني أحاول أن أرسم تلك المتاهة في رأسي وأن أجد الطريق الصحيح، فأنا ابنةُ أمي موقنة بأنني سأجده.

أُمي، هذه الرسالة الأولى التي أكتبها لكِ وتقرأيها، ولن تكون الرسالة الأخيرة؛ فأنا أكتب إليكِ دائمًا ولكني أجد نفسي لا أمتلك الجرأة بأن تقرأيها، لا أعلم لماذا!

ولكني سأحاول دائماً أن أكتب لكِ وأن تقرأي، أودّ تذكيرك مرةً أخرى بأنني أُحبكِ يا جميلتي.

أبي:

أقف دون أن أنبس ولو بحرف واحد في حقك؛ فعندما أبدأ لأكتب إليكَ تتوقف الكلمات عن السيلان في رأسي فكل الكلمات لن تعطيك حقك في الوصف

أبي، يا صاحب العينين الجميلتين كنت أتمنى لو أني ورثتهما منك.

يا ذاك الرجل الأقرب إلى قلبي رغم أنني كبرت إلا أنني لا زلت طفلة في نظرك، في كل مرة أراك بها أقبل رأسك وأشكرك لأنك موجود في حياتي

تعلم أنني أُحب الكتابة فهي عالمي الآخر

وصحيح أنني أحبها كثيرًا ولكن سأجعلك فخور بي جدًّا، وسأجعلك تتعجب من كل قدرتي تلك، وموقن فيما أنا عليه الآن هو حصاد تعبك أنت وأمي

أبي أحبك كثيرًا.

معلمتي هدى:

صاحبة دربي العزيزة أبدأ لأكتب إليكِ وقد فاض شوقي، فقد كنتِ أملي وسعادتي ومصدر أماني، ومشجعتي ومن يرسم البسمة عن شفتاي،

أمام كل طالباتك تقفين متفاخرة بي؛ لأنني لم أقطعك

وتطلبين مني مساعدتك في شرح الدرس كما كنتِ تشرحيه لنا عندما كنا في سِنهم، كنت منفردة عنهم جميعًا بالنسبة لك، كما كنتِ أنتِ منفرة بالنسبة لِي عن الجميع، رغم أنني انتقلت من المدرسة الإعدادية إلى الثانوية؛ إلا أنني لم أنقطع عنكِ

"يعزُ عليّ كسرك بالكسرة وأنتِ راقدة بسلام"

كنتُ أزوركِ دائمًا وعندما أتأخر عنكِ بسبب ضغط الاختبارات أو بأشياء أخرى أعود لأجدك تقفين أمام السبورة أو في غرفة المعلمات معاتبة ومن ثُم تضُميني إلى صدرك مُهللة بحضوري، فعندها تأخذنا الأحاديث في نهرها لنتساءل أنا وأنتِ عما حدث مع كلانا بالفترة الماضية؟

تسألينني دائمًا عن أحلامي هل وصلت إليها؟

هل حققت أي منها؟

لماذا لم أعد أكتب؟

كيف طريقتي بالكتابة هل تغيرت؟

لماذا تخليت عن ذلك الحلم رغم أني أستطيع الوصول إليه؟

هل صحتي جيدة ولم أعد أشتكي من ذلك الألم الذي أخبرتها عنه في المرات السابقة؟

هل أُمي صحتها تحسنت وأبي وأخوتي جميعهم بخير؟

وفي كل مرة وكأنها لا تعرف تسألني هل ما زلتِ عند جَدتك؟

وأُجيبها وكأنني لم أسمع السؤال من قبل بأنني لم أعد هناك وأصبحت بين أحضان عائلتي.

لقد حلمت بكِ الليلة وكنت أحتضنك بشدة أمام أعين الجميع، لم أكن أصدق بأنكِ لا زلت حية، وأخذت أتحسس ملامح وجهك،

سمراء البشرة ولكن ليس بكل ذلك السمار

فمن الممكن القول " قمحاوية " مع وجود نمش خفيف على وجنتاكِ، لديكِ عينين سودويتان وفيهما لمعة مختلفة عن كل العيون التي مرت في حياتي،

طويلة وجميلة بكل صفاتِك وملامحكِ المرسومة

في ذاكرتي التي من المحال مسحها.

لقد كنتِ النور المنبثق في الظلام بالنسبة لي،

ولكن ماذا أفعل بقدري وقدرك؟

لقد فرق بيننا الموت، ولكن يا سعدكِ ويا هناكِ لقد ذهبتِ إلى ربكِ شهيدة، وتركتيني خلفك وماذا عساي أفعل غير الدعاء لكِ، وأن أتصدق على روحكِ الطاهرة الراقدة بسلام تحت التراب، لن أنساكِ أبداً ولو مَرَّ الدهر بأكمله، وسأواصل الكتابة لكِ عن كل ما يحدث معي

كما لو أنكِ تقرأين وسأتظاهر وأختلق الردود وكأنكِ إنتِ معي، أُحبك كثيرًا ويؤلمني فراقك يا فقيدتي.

وطني:

أنا يا وطني لم أنسكَ أبدًا،

أنا يا وطني لم أنسكَ أبدًا؛ فأنا كل يوم أردد نشيدك "فدائي فدائي"، وأجلس تحت زيتونة جدتي التي عمرها أكبر من الذين احتلوك وحرموك من حريتك، لم أنس أبدًا ولن أنساك، فأنا دمي فلسطيني وكلي فلسطيني،

لم أنسك أبداً فكل يوم ألثم مبانيك ومدنك، وأحافظ على تراثك وأكتب؛ لأعبر عنكَ وعن مدى حزنكَ؛

لا تحزن يا وطني لا أحب أن أراك حزينًا

لا بد بعد ليل فجر أن تشرق شمس الحرية قريبًا

لا تحزن، أعلم أنه يعز عليك أبطالك الذين ارتقوا وهم يدافعون عنك، ويعز عليك أسراك في سجون المحتلين، ويعز عليك ابناء شعبك الذين تهجروا إلى شتاتٍ، منهم داخلك ومنهم خارجك، يعز عليك الدول العربية التي لا تقف بجانبك وغزة المنكوبة والضفة الغربية المثكولة، وتتساءل بشدة إلى متى سيظل الحال بي هكذا!؟!

ولكن تصمت عندما تسمع المجاهدين والأبطال لا يصمتون وينفذون بأياديهم قبل أفواههم، ترى دبابة أو ناقلة جند متفحمة وأشلاء الجنود

قد تناثرت، وهنا يسود صمت الجميع إلا هم فتعلو التكبيرات والآيات القرآنية

التي تحث وتبث فيهم وفينا روح الجهاد، وتستوقفك أكثر آية {آلا إن نصر الله قريب}؛ فتعود لتُجدد إيمانك واثقًا بأن نصر الله قريب.

نحن لا نريد أن يقف بجابنا أحد ها نحن والله الغني عنهم جميعًا، نحن نقف في وجه المحتل، ونعمل بوصية شهدائك وأسراك؛ لنسير على دربه ونكمل الطريق الذي ما زال صعبًا وما يزيده صعوبة كثر التخاذل التي شهدتها من العالم يا وطني.

غَزتي:

يا مصدري وريحانتي

يا أرض الصمود والعزة و يا سعد من فيكِ و يا هناه، هُدمت حجارة منازلِكِ لم يبقى حجرٌ على حجر فيكِ

أصبحتِ مدينة أشباح وحتى بالذين يسكنونك

لأنهم هياكل متحركة، ودُمرت أثارك ومُسحت عن بكرة أبيها، تحولت كل الشوارع إلى أماكن مظلمة وكأن شمس الصباح التي تشرق كل يوم لتمحو ظلام الليل لا تُشرق عليها، ساد الجوع والعطش في كل أنحاء قطاعك

وأصبح الطعام المتواجد بعضًا من حشائش الأرض وأوراق الأشجار، مُسحت أحياء كاملة وتحولت إلى كومة رُكام وبكاء فوق الأطلال على أيام لن تعود، رحلت أحلامنا مع غبار الصواريخ التي تسقط

علينا فيكِ وكأنها لم شيئًا لم يَكُن، رحب من استُشهد منكِ مودعًا الدنيا راحلًا لدارِ الخلود، ولكنهُم ليسوا أرقامًا، فقد كان لكلٍّ منهم حُلمًا وعائلة ومستقبلًا

فدُفن كل ذلك معه، أصبح الفقد أكثر شيء ممكن حدوثهً في أقل من الثانية، تلك فقدت أباها وذلك آخاه وذلك صديقه، وأصبحت الذكرى

تعصرُ القلب وتهدمَ تراتيب النفس، والأمرُ أصبح معتادًا والعالم نيام في سُبات عميق ولا نعلم متى يستيقظ أحدهم؟!

غزتي رغم كل ما يحدث بكِ رغم أنكِ لم تعودِي صالحة للحياة بما يكفي؛ الدمار هو سيد الموقف وحاكمه؛ إلا أن شعبك صامدٌ يجدد نيته مع كل خلوة بنفسه، ويشدّ زمام عقيدته أكثر وأكثر موقنًا بأن النصرَ قريب، وأما عنكِ فإنكِ صامدةٌ وشامخةٌ مرفوعة الرأس بيومِ العبورِ وصفوة الحفاظ فما باللكِ إن كان يوم العبور الأكبر ينبع منكِ أيضًا يا حبيبتي؟

يا غزتي منّ يَريد حياةً غير حياتكِ ولو ماتَ جوعًا؟

نجمي:

أيها النجم البعيد عن عيني والقريب من قلبي :

لا أعلم من أين سأبدأ بالحديث معك

هل من حزني أم من شوقي ؟!

أركن إلى حافة النافذة في تلك

الغرفة الصغيرة التي لم اخرج منها

إلا مرتين إلى البحر الذي يبعد عنا

بعض الميترات منذ أن أُخرجنا من بيوتنا غصباً

منذ أربعين يوماً،

في ظل هذه الحرب الطاحنة منذ قرابة مئة يوماً،

أيها النجم لا زلتُ أنتظر ذلك المستقبل

المليء بالغموض لقد بات كل شيء معتم

لقد تقفلت كل الطرقات في وجهنا

لقد تدمر منزلنا لا أعلم إلى أين سنذهب

بعد إنتهاء الحرب كنا نأمل بأن نعود لكل ذلك الأمل انطفىء

لقد تدمر المنزل بالكامل، أيها النجم أشتاق كثيراً إلى منزلنا، ولكل الذكريات التي كانت تجمعنا به،

لا زلتُ لا أصدق !

الحقيقة مؤلمة وتعز عليّ بلادي، ولكني موقنة بأن الله سيعوضنا عن كل ما حدث، لم أيأس من النظر إليك منذ ساعة، ولن أيأس.

لا زلت تلمع منذ تلك الساعة رغم أنني اشكو لك حزني وهمي، لكن لمعانك ذلك يبث بي الأمل بأن العوض مهما بَعُد سيأتي.

أستند إلى حافة النافذة أشكو لك حزني وهمي

ورغم ذلك تلمع في سمائي، ولمعانك يوم لو أن يمسح غبار كل تلك الأيام القاسية عن قلبي، أحدثك لأخبرك كيف وصلت إلى هذا الحد من الضياع؟ كيف تركني أحدهم بمنتصف الطريق بعد أن رسمناه معًا كلوحة دقيقة التفاصيل تشوهت اللوحة وتداخلت الألوان في بعضها، ولم تعطِ منظرًا جميلًا أبدًا كسابقها

بل تشوهت وشوهت داخلي معها.

كان كل شيءٍ جميل كتلك اللوحة الفنية دقيقة التفاصيل

مدهشة المنظر وكُلها أحلام وردية، لكن لم يتبقى لا لوحة فنية، ولا أحلام وردية يا نجمي .

انقلب كل شيء رأسًا على عقب وكأن أحدهم قلب الطاولة لصالحه، تبخر كل شيء وكأن شيئًا لم يكن

وكأنني لم أكن، وهذا يؤلمني كثيرًا يا نجمي.

أعود من جديد بعد أن قرأت بأن أول نجم أنظر إليه عندما أرفع رأسي إلى السماء هو نجمي وحافظ أسراري؛ فأعود لأنهال عليك بكل تلك الكسور التي بي لعلي أخفف الحمل الثقيل الذي على عاتقي.

أنظر إلى البحر المقابل لعيناي وأرجوه لعله يُغرق أحزاني في جوفه، ولكن رجائي دون فائدة أعلم

أعود وأشكو لك وأخزن فيك كل تلك الكسور والاحمال والأحزان، ولا زلت تسمعني بصدر رحب كعادتك

وكأنك تريد النزول وململمة شتاتي، ثمَّ تتأكد من أنني أصبحت على ما يرام، فتصعد إلى الأعلى من جديد

وترسل ابتسامة مصاحبة لغصة مما لململمته وأظن أنك ستدفن سري بحوزتك؛ حتى أصارع أجلي فتعاود النزول مجددًا، وتدفن شتاتي وأسراري وأحزاني

ثم تصعد حزين لأن أنيسك كل ليلة قد فارقك.

نجمي المضيء أنت قريب من قلبي جدًا، ولكنك بعيد عني أضعاف مضاعفة مثله.

الكتابة:

وأما عن الكتابة فلا أحد يولد كاتبًا فمن أصبح كاتبًا أُصيب بجرحٍ أو بجبرٍ ففاضت مشاعره

وخرجت على شكل كتابات، وأما إذا كتبت عندما أُصيب بجرحٍ؛ فستظل ترافقه مثل ظله لا تفارقه هي وجرحه، وأما إذ كتبت في حال جبرٍ فسيقرأ الجميع كتاباتكَ ويستمتعون بها، في كلتا الحالتين سيقرؤوها ولكن لكلٍ منهما شيء مختلف.

دفتري وقلمي لا وصف لكما مهما حاولت؛ لأنكما دائمًا معي في كل وقت في أشد ضعفي وفي أوج فرحي، عندما أنكسر، أقع لأتكئ على قلمي فتتساقط الكلمات على دفتري،

وعندما أفرح أقف وأزيد ثقتي باستنادي على كلٍ منكما، انتما معي في كُل وقتٍ لم يكن أعزُ الأشخاص إلى قلبي بجواري، فالكل مشغول بما تهوى نفسه إليه؛ إلا أنتما لم يبعدكما عني سوى اضرباتي المزاجية، فتارة أريد الكتابة وتارة يحدث موقف، أو يزعجي أحدهم بكلماته القاسية؛ فأتوقف عن الكتابة لمدة لا وقت لها، ولكني أعود لأكتب لأجدكما تنتظراني بلهفةٍ كلهفةِ المعشوق إلى عشيقته بعد مُر غيابه؛ فيحتضني القلم ويجلسني في حضن الورقة البيضاء التي أنهال عليها بالكلمات، وكأنني أُريد أن أخرج قلبي لأضعه على تلك الورقة

ويا ليتني أستطيع.

مرحباً يا خالي:

لقد اشتقت إليكَ كثيرًا، وأتمنى بشدة بأن تأخذني معك

وفي يدك عندك لقد ذهبت وتركتني أنازع قدري المؤلم على مُر غيابك، أفقتدك كثيرًا.

رغم أنني في الطفولة كنت متعلقة بك جدًّا، وكنت أنام في حضنك دوماً، وعندما كبرت خف قليلًا تعلقي بك؛ لأن القوانين لا تسمح لي بالذهاب والنوم خارج المنزل، ولكني أحبك كثيرًا يا فقيدي، وإني بحاجتك وبحاجة مُلمة بأن أغادر الدنيا

وأحظى بجوارك في العُلا، حقًّا أشتاق إليكَ.

يا شهدي :

أيا شهدًا أشتاق إليكِ، يا من كنتِ مُهجة قلبي وسعادة أيامي، يامن رمى الفراق بشباكه بيننا حتى أصبحت لا أعلم إن كنتِ على قيد الحياة أم أنكِ فارقتِها، تفرقت طرقنا، ولكني لا زلت على امل لقياكِ ولو بصدفة في يوم من الأيام، سواء في شبابي أو مشيبي، يامن كنتُ استندت عليها وقت ضعفي، فأصبحت لا أستطيع النهوض منذُ أن رحلتِ.

فاض شوقي فها أنا أكتب إليك لعلك تقرأين كتابي فتذكريني، ولعل النصيب يصيبنا فتصيبنا عدوى اللقاء فألتقي بكِ لأضمك إلى صدري وأدفنكِ بين أضلعي، فأنا لا أطيق أيامي بعد بُعدك، عودي إليَّ يا شهدي فقط عودي ودعي الأيام تفعل ما تشاء

أولو يعود زماني فلا أبتعد عنكِ، ولا أحذف كل الطرق المؤدية إليكِ، اجعلي الأيام تعود فأنتِ الأمن والأمان لي

فما عدتُ بعدك لا بمأمنٍ ولا بأمانٍ.

أصبحت تائهة إلى ذلك الحد الذي كنتُ أحدثك بأنني خائفة ان أصل إليه، لقد تعديته كثيرًا فقد غيتِ وأنتِ ملجأي وأماني، الأمر يُشبه وكأني وقعت في حفرة عميقة لا أعرف إن كنت أستطيع النجاة منها أم أنني سأبق بها، فهل لي من بعد بعدك أن أرتقي؟

عودي فكُل ما أريده عودتك.

بثينة عيسى:

قرأت روايتك "كبرت ونسيت أن أنسى" فوجدتني أنا أيضًا يا بثينة قد كبرتُ ونسيت أن أنسى ما حدث معي منذ صغري، كبرتُ ولكنني لا زلتُ هنالك في ذلك المكان المظلم أنتظر رحمة أحدهم، كبرتُ ولكني نسيت ما لا أُريد نسيانه ونسيت أن أنسى ما أريد نسيانه،

ياللعجب كيف يمكن للمرء أن يحدث معه ذلك؟

أتساءلُ حقاً هل هذه صدفة أم هي حقيقة وواقع مفروض؟

تزداد التساؤلات حول الكثير والكثير من الأشياء الغامضة التي لا أجد لها جوابًا.

أجلس لأشرب كوب قهوتي وانا على حالي أنظر إلى نفسي فأجدها قد ضلت كثيرًا، ولم تجد ذلك الطريق الذي تريده؛ إلا بعد وقت طويل وياليتها تستطيع السير به نهايته ليست معروفة حتى تلك اللحظة، هنا الكثير من الغموض والذكريات اللعينة العالقة في رأسي؛ لأنني كبرتُ ونسيت أن أنسى كما حدث معك.

لا أعلم حتى هذهِ اللحظة ماذا أفعل؟

أو بالشكل الصحيح ماذا أستطيع أن أفعل؟

هل أجلس مكفوفة الأيدي أنظر لنفسي وانا أكبر وأنسى أن أنسى؟

أم أفكفكُ يداي وأكبُروأنسى لا أعلم حقًا.

مشاعري:

أَشعرُ بأني على حافةِ هاوية ويوجد أمامي حجرٌ واحد

لو تعثرتُ بهِ سأقع، ولن أنهضَ إلى الأبدِ؛ لأنني سأقع في قاعِ تلك المياه العميقة، ولكن هنالك سؤال هل ينتصر المرءُ على مشاعره؟

والإجابةُ أنها ولو فاضت كلها لن ينتصر عليها فهي فاضت عما كانت تحمله وما عادت تستطيع التحمل؛ لقد حملت ما لم يستطع المرءُ بذاتهِ حملهُ وبقت معلقةٌ على أحبالٍ واهية لا تدري إن كان سيتحقق منها شيء.

لا تريد إلا سكينةً واطمئنًا بأن القادم سيعوض عما مضى، ولكن هذه المرة لا يوجد سكينة ولا اطمئنان

ولا قادم سيعوض عما مضى، ولن أستطيعَ النجاةَ.

حتمًا سأموت غرقًا بأفكاري، قد تعثرتُ بالكثيرِ من الأحجارِ في المراتِ السابقةِ ونَجَوت ولكن هذه المرة مختلفةً تمامًا في كلِ محاولاتِها لا نجاة، وفي كلِ أسبابِها تعثُر، أشعرُ بأنها النهايةُ حقًّا.

قلبي :

مليء قلبي بندوبٍ لا شفاء منها أبدًا، لكنها من أشخاصٍ جعلتُ قلبي منزلًا لهم، وجعلتَ روحي سندهم، ولكني لم أجنِ ثمار ذلك سوى شوكٍ، وندمٍ يلازماني مثل ظلي

وسؤال لعين يكادُ يُفقد عقلي صوابه، كيف سمحت لهم بذلك؟

أصبحتُ أيقن بأن تلك الندوب سترافقني طوال حياتي، ولن أُشفى منها؛ لأنها لا علاج لها؛ حتى من قال بأن الوقت يعالج كل شيء سأخبرهُ بأنه كاذب لأنه مر وقت كافٍ لأتعالج من كل ذلك، ولكني لم أجد دوائي ولا زلتُ اعاني من دائي.

انتصاري :

لقد غيرتني الأيام نحو الأفضل، وحولتني بكل قدرتي وطاقتي رغم نفاذها إلى شخص يحرص على عدم حزن أحد منه وهو الذي كان ينام كل ليلةٍ حزين ووحيد في ظلمة الليل ولا أحد يعرف ما أصابه غير الحائط المجاور لرأسه، ووسادته التي تجمع كل يوم أكبر قدر ممكن من الدموع الحارقة والصراخ المكتوم والذي يشبه الشوك في الحلق، وكتمان الألم فتراكم حتى أصبح كصخرة على الصدر، أصبح يفكر بكل كلمة ينطقُها

حتى لا يؤلم أحدًا وهو الذي رمي بسهام كلماتهم القاسية

والتي نُقشت في العقل كالنفش على الحجر وبقيت قريبة من الأُذن، وتتكرر كأنها الآن تعاد مرارًا وتكرارًا.

أصبح لا يقسو على أحدٍ، ويقابل الجميع بحنانٍ ووجه بشوش وهو الذي قسى عليه الجميع، واستقبلوه بوجه يكاد الغضب الذي فيه يفزعه، وينهي استقراره، كل السوء الذي واجهته حولني لشخص أفضل ليس إلى الآن فقط، بل إلى الأبد والأمد البعيد

وهذا هو انتصاري

سأبدأ من جديد سأنهضُ من جديد ومن هذه اللحظة أعاهد نفسي بأن أتلاشى الماضي وأنظر إلى المستقبل

دون النظر إلى الخلف أبدًا، سأصل إلى ما أريد، ولكن ليس بكل تلك السهولة التي أظنها، سأنسى كل ما حدث لا علاقة مسمومة بعد اليوم، سأبتعد عن كل شيء، سألتزم بالصلاة أكثر مما كنت ملتزمة بها، سأتبع السنن والنوافل، سأصبح إنسانة يفخر بها والداي حقًّا، سأكون قدوة نفسي، وسأضع أهدافي أمامي وأُحققها واحدةً تلو الأُخرى.

خيالي:

"ولنا في الخيال حياة"

وأصدق حياة يعيشها الانسانُ هي الحياة التي في خياله ففيها تتحقق كل أمنياته، وكل ما يريده.

ما يحدث في هذه الخيال هو ما نريد وتلك اللحظات التي نتمنى ان نعيشها، تلك التي لا يوجد بها حزن ولا ضيق يوجد بها فقط فرح وسعادة ولحظات جميلة نتمنى عيشها، حياة لا مثيل لها يتواجد فيها اشخاص أنتَ من تريدهم لا أخد غريب حياةٌ تكونها أنتَ وعالمك الخاص كأنك تكوّن حياتك في الخيال، لربما تحققت في يومٍ من الايام.

الحقيقة :

لِماذا أنتِ دائمًا قاسية جدًّا؟

لِماذا دائمًا نصعق بكِ؟

ألن تكوني يومًا رؤوفة بنا؟

لا أظن، فأنتِ مُرّة كما يقال: "الحقيقة مُرّة"، ولكن لم أظن أنكِ إلى هذا الحد مؤلمة؟

بقيتُ أتجاوزكِ حتى يأس التجاوز مني، فصفعتيني صفعة العمر .

حاولت مرارًا وتكرارًا أن لا أكشفكِ، رغم أن حدسي يخبرني بأن ما أراه حقيقة؛ إلا أنني كنت أكذبكِ دائمًا وأكذب حدسي معكِ أيضًا .

صعقتُ، صدمتُ، ضعفتُ، تعبتُ، حزنتُ، تشتتُ، وكل ذلك بسببكِ !

أرجوكِ رفقًا بنا فقد أوصلتنا لحد لا يمكن لأي إنسان وصفه.

حلمٌ مهمشٌ على قارعةِ الطريق

أتذكركُ في كلِ وقتٍ وحين في كلٍ خلوة مَعَ نفسي وفي كلِ تجمع مَعَ مَنْ حولي لا زالَ طيفك يرافقني ليجعلني أشعر بالذنبِ على شيءٍ لمْ أقترفهُ، ولمْ تكنْ لي يدُ بهِ كلُ خطئي الوحيدِ أنني رسمت خط سيركِ فتحطمت إشارةُ المرورِ؛ فكثرتْ الحوادثُ -بيني وبينكَ -وبنيتْ حاجزًا بيننا.

أعتذرُ لكَ؛ لأنني فارقتك، يعزُ علي تركك في منتصفِ الطريق ويعزُ علي فراقكَ، ولكنْ كلُ ذلك رغمًا عني لقدْ رحلت مَعَ غبارٍ ذلكَ الصاروخِ الذي سقطَ بجواري تبخرتْ وكأنكَ لمْ تكنْ يومًا، وكأنني لم أكن أنام وأنا على أمل لُقياك، ولكن صوت صفيرك وأنت ترحل لا زال في أذني،

أتساءل هل لك بقية؟

ولكني الآن لا أعلم إن كانت لحياتي أنا بقية

لم يتبق لا دراسة، ولا خيال أحلق به فوق سقفك

كان كل ما أريد شيء بسيط للغاية أن أتعب ثم أحضر ما تعبت من أجله بالدراسة؛ لأنهي خطوتي الأولى لم فأحلق بعيدًا لأستكملك مودعًا قاعدة الإنتظار الفلسطينية إلى القاهرة؛ فأستكمل ما سأزرعه مجددًا ثم أجني ثمار تعبي لأودع مطار القاهرة مغادرة إلى مطار اسطنبول

لأحقق حلمي لآخره فأحلق من جديد مغادرةً مطار إسطنبول ليستقبلني مطار الدوحة؛ لأبدأ حياة من جديد فأبدأ بترتيب كل فوضى أيامي السابقة وبناءك من جديد وإضافة أشياء تفوق ما حققتها منك، ولكن لم يتبقَ

لا حُلم ولا تحليق. غادر كل منهما

فعمت الفوضى الأرجاء، وفقدت الأمل في استرجاعك بعد الآن.

مسلسل الندم

بعدما أن شاهدتك شعرت بصعوبة الشعور بالندم

على أشياء لم أفعلها،

الندم على أشياء طُلبت مني وكان ذنبي الوحيد أنني نفذتها!

تسألُني ما يستهلك المرءُ ويستنزفه؟

سأجيبك وبصعوبة بالغة بأن الشعور بالندم هو الذي

يستنزف المرء حتى الموت، ولا يتركه يبقى يلازمه مثل ظله، وتحوم حول
عقله أفكار ولعنة لا تفارقه

وهو أصعب شعور ممكن أن يشعر المرء به في نهاية المطاف الشعور
بالندم يملأني مع أنني كنت أقول دائمًا " إلا الندم "

ولكني لم أستطع التحكم في نفسي ولا في مشاعري، وها هو الندم يستوطني
ويمزق أحشائي

إربًا إربًا دون أن يرف له جفن، ولا أن يشفق على حالي ولا إلى أي حدٍ.

يواصل التمزيق والنهش في داخلي حتى استنزافي إلا آخر مرحلة كما فعل بك ولكنك مختلف عني يا عروة

كان ندمك على شيء لم تفعله، وما زال طيف هناء بعد رحيلها يلازمك فتصاب بنوبة ويسيطر الندم عليك

وينهش داخلك حتى يفقدك سيطرتك على نفسك

أصبحت بعد رحيلها تراها في الجميع وعندما تمر بجوار مكان قد مر كلاكما منه تتخيلها هنا وهناك

وكأن ذلك الوقت الآن، وتبتسم عندمت تبتسم وتحزن عندما تحزن رغم رحيلها إلا أنك لا زلتَ تُحبها، وكأنك لأول مرة تراها ويحبها قلبك

ولكن ماذا فعل بك ذلك الذنب الذي لم تقترفه؟

هدم تراتب صدرك وأوجع قلبك واستوطنك الندم

ولكن ماذا يفيد الندم بعد مرور الوقت؟

لا شيء سوى تدميرك ورميك في صحراء قاحلة دون الرأفة بك.

رايات شوقٍ:

العشق حرب، فإما الانتصار أو الهزيمة

فالانتصار حتمًا ستحظى بهِ إن حظيت بقلب يحبك بصدق، أما الهزيمة ستتبعها ليالي شوق وحنين

وليالي حسرة وحزن، سترفع رايات الشوق

وستنكس رايات العشق، وستعيش ما بقي من لياليك

بقلبٍ هزيل لا يقدر على مواسات نفسه، سيزورك كل ليلة طيفه مرافقًا لشوقه، ستبقى تنتظره وأنت تعلم حق علمٍ بأنه لن يعود، وستسقط دمعة واحدة من مقلتك ولكنها كفيلة عن كل ذلك الكم الهائل من التعب الذي بداخلك.

إليك:

حتمًا ستقرأ وستعرف أنك أنت المقصود في كل حرف أكتبه.

بطريقة عفوية جدًا أجدك تقف خلفي وتسندني دون أن أشعر، وحتى دون وأن تشعر أنت.

لقد نمى ريشي بعدما لم يكن لدي ولو ريشة واحدة أحلق بها أو تخفف عني حزني، ها هو قد نما ولكنه أفضل من قبل أيضًا وذلك بفضلك لن أنسى ما فعلته من أجلي ومن أجل أن ترتسم الضحكة على مبسمي، كنت معي في وقت لم يكن بجانبي أي أحد.

اطمئن لن أنسى ما فعلته من أجلي وشكرًا لوجودك بجواري يا مصدر أماني

تكسر كل الحواجز بطريقتك الخاصة لا أعلم كيف سأسدد ديني لك، فيما فعلته وما تفعله من أشياء تفوق مستوى استيعابي حتى أنني لا أعلم تحت أي بند من بنودي أصنفك، فأنت مختلف عن الجميع،

فلا وصف لك، فها أنا أعجز عن وصفك

فالثمانية والعشرون حرفًا لا معنى لهم في رمش من عينيك، كن بخير يا عزيزي فهنالك الكثير من الناس يحبونك ويستمدون منك قوتهم ويستندون عليك

دون أن تشعر ودون أن يشعروا أيضا، فقط فكرة وجودك تطمئنهم، إلى لقاء قريب.

إليك:

رغم معرفتي التامة بك، ورغم ضغوطات الحياة التي تبعدنا لمدة من الزمن لا نعلمها؛ إلا أنني أنتظر رسالة منك على أحرِّ من الجمر، إشعاراتي مفعلة ليلًا خوفًا من أن ترسل رسالة بعد يومٍ متعب مررتُ به فأستيقظ على صوتها،

ونهارًا اقلب في كل شيء يخصك ليدخل على قلبي الفرح والسرور، وترتسم الابتسامة على شفتاي طوال اليوم،

لعلك في هذا اليوم أتيت على بالك لو لوهلة فتذكرتني وأرسلت رسالة لتطمئن على أحوالي، ولأطمئن عن أحوالك التي أتشوق أن أعرفها وأن أعرف تفاصيل يومك وأهون عليك متاعب الحياة ما بعد التعب إلى الراحة وما بعد الصبر إلا الجبر.

أرجوك بأن تنتبه على نفسك جيدًا؛ لأنك مهم بالنسبة لي؛ ولأن فكرة وجودك تطمئن الكثير من الناس وأنا من ضمنهم.

مرحباً يا عشقي المكتوم وحبي المهموس!

منذ مدة لم أسمع أخبارك كل ما أعرفه أنكَ بخير، ولكني أود معرفة أدق التفاصيل والأحداث والأمور المروعة التي حدثت معكَ لأخفف عنكَ ثقلك، وبينما أتحدث مع نفسي هكذا رتبت لي الصدفة لقاء بكَ دون موعد ونسيت أن ترتب لكَ لتلقي بي، رأيتكَ والبسمة تعلو شفتيك وتضحك بصوتٍ فأدخلت الفرحة على قلبي، شعرت أنا من يبتسم هكذا وماذا يفرق إن كنت أنا أم أنتَ؟

نسيت لم نصبح واحداً بعد!

ورغم بعد المسافات أشعر أنكَ هنا بجواري تسندني عندما أتعثر وتُقبلني عندما أفرح، تشجعني لأكمل المسير وتكون أنتَ أول من يقرأ، كيف يمكن للمرء أن يعترف بشيء يخفق بداخله ولا يعلم ما كينونته؟

أظن الأمر ليس بلكَ تلك السهولة يا عيني أشعر بأن الكلمات لا تصل ولا حتى تصاغ لتكتب فالشعور هذا أصعب شعورٍ قد يكتب!

حاولت مراراً وتكراراً ولم أجد طريقة لأسطر الحروف لأعترف ولكن أشعر بأن هنالك سعادة عارمة لا يسعها الكون بأجمعه عندما أراكَ من بعيدٍ أو أسمع اسمكَ وصوتك أو أكون معكَ ربما لأنك حقيقي وتختلف عن كل الزائفين الذين حولي، ورُبما لأني .... لا ليس الآن!

عِدّ معي واحد اثنان ثلاثة ثم أهمس "أُحِبَّكِ"

وأنا أُحَبَّكَ يا عزيزي ومنذ زمن وأنا:

" أسيرة سينك وألفتك ومواساتي تواجدك."

ما أخبرتك به قبل قليل هو سر احتفظ به إلى وقت يحين الفصح به

إليك

يقودني إليك شوقًا لا ينتهي،

ويردني عنك جرحًا أنتَ صاحبه".

أتسائل حقًا كيف يمكن لشوقي بأن يقودني إليك؟

هل له أقدام يمشي بها حتى يصل إليك؟

أم أنكَ متصل بي ولا يحتاج إلى كل ذلك الهراء؟

وكيف يمكن لذلك الجرح بأن يردني عنك وقلبي رغم كل تلك الندوب التي به؛ إلا أنه لا زال يحمل لك الكثير من الحبِّ ولا يستطيع التوقف عن ذلك ولا حتى عن الصدِّ عنكَ أبدًا رغم كل تلك المحاولات التي تحاول

إبعادي عنك سأعترف لقد حاول مرارًا وتكرارًا

رغمًا عنه ولكنه لم يستطع.

حرقتُ كل الطرق المؤدية إليك بلهيب شوقي وأبعدتك عن عيني محاولةً نسيانك، ولكني لم أستطيع لأنك معي حقًّا في كل ثانية ودقيقة، في كل زاوية من زوايا نفسي

حلفت اليمين بأن لا أحدثك ولكني لم أستطع ودفعتُ كفارة يمين لقد فعلت الكثير والكثير؛ حتى أجد طريقة كي أنساك أو أتناساك، ولكني فشلت حق فشل

فقد فاز شوقي وقادني إليكَ متناسيًا ذلك الجرح الذي أنت صاحبه، متناسيًا كل تلك الندوب التي لم أستطع مسحها من قلبي مهما مر الوقت، ولكنك بتلك الطريقة أو تلك لا زلت قريب من قلبي، وكل ما أريده الآن هو أن تكون بخير فقط.

إليكَ:

تعرف جيدًا أنكَ المقصود ولكن لا تعرف بأنك أنتَ

ذلك الخيال الذي أصبح يخيل أمامي في كل مساء في سمائي وفي كل صباح عندما أنظر إلى الشمس لأتذكرك عندما كنت تشبهني بها فأنتَ غير عن كل محب، فكل محب يُشبه محبوبته بذلك القمر الذي ينير السماء في حلول الليل، ولكنك كنت تُشبهني بالشمس

وعندما سألتُكَ عن السبب أجبتني بجواب أعرفه فهو علمي مئة بالمئة

قلت "بأن القمر يستمد نوره من الشمس وأنتِ شمسي التي أستمد منها نوري"

رباه كم كنت أعيش في وهمك أيها الكاذب!

لو تعلم كيف صُعقت بخذلانك لي، وكيف صُعقت أكثر بتخليك عني عند أول منعطف وتركتني خلفك!

أنا التي كانت ستفعل المستحيل من أجل ألّا تحزن وألا تصاب بأذى!

أتذكر في بدايتنا ماذا قلت لي؟

قلت لي "لن أكسرك لأنني لا أحتمل كسرِك ولن اخدشَ قلبكِ الرقيق ذلك وسأفعل المستحيل من أجلكِ

لن أكسرلِ لأنني إن كسرتك وكأني دمرتُ نفسي إلى الأبد، وإن كسرتني أنتِ فلا بأس سأتحمل ذلك"

ولكن هل أذكرك بما حدث بعد ذلك؟

أنت الذي كسرتني

يا رباه كم أكرهك، لقد شوهت قلبي الذي أحبك بكل صدق، كم أكره قلبي لأنه فعل ذلك الخطأ الذي لن أغفره لنفسي ما دُمت أنا حيَّة، كم أن شعور الندم أصبح يلازمني على كُل شيء كان صادقًا ولا ذنب به كي أشعر بالندم أو بالذنب.

لا أعلم كيف حدث وأفكر به بعد مدة طويلة بأنه كيف حدث؟

كم أرغب باقتلاع روحي وتوقيف تفكيري الذي يداهمني باستمرار مهما حاولت النسيان

أود اقتلاعَ جُمجمتي، لكي أتغافلُ عما حل بي

أريدُ الذهاب بعيدًا من هُنا، بعيدًا جدًّا ولربما بعيدًا عن هذهِ الدنيا عمومًا،

لكي أنسى، أنسَى فَقط كل ما حدث وكل ما زال يحدث أود أن أستيقظ، وأنا فاقدة لذاكرة دون أي أسباب

أو مقدمات لكي أنسى فقط.

طيفك:

أكتب إليك الليلة بعدما زارني طيفك مصاحبًا لأشواقك

فأراك مبتسمًا كعادتك وأرى لمعة عيناك وأنت تنظر إلى لا زالت كما هي تملؤها اللامبالاة ظاهريًا والحنين يحرقك داخليًا، لا زلت بك أيضًا.

كان طيفك برفقتي هذه الليلة كان يحدثني عنك، وعن أحلامك المحلقة بعيدًا عنك، وعن أحزانك التي تشكوها للحائط المجاور لرأسك، وعن شوقك لكل من فارقوك لدار الخلود،

عن حنينك لطفولتك المعدومة من الطفولة، وعن ذلك الشخص الذي كان آخر ما يجول في فكره كيف يستطيع النوم بعد يوم مرهق من اللعب وماذا سيلعب في الغد؟

عن كل من كان سبب فيما أنت عليه الآن سواء كان سببًا في أن تكون شخص ذو طباع سيئة أو ذو طباعٍ حسنة.

كل الحزن يغرق عيناك بدموع حارقة لا تستطيع إخراجها خوفًا على كبريائك أن ينكسر أمامي، ولمن كانت عيناك تحدثني عن كل ما تريد وكنت أستمع إليها بعينان صاغية

لا يشتت انتباههما شيء كطفلة زارها من تحب ولا زالت مصدومة من أنه أمامها، وعندما هم طيفك يلملم نفسه ليعود إليك أخذه النوم على غفلة ونام بجواري.

إليك:

أعرف حق معرفة أن تتحدث مع نفسك دائمًا؛ لأنك الوحيد الذي تفهم نفسك فكل من حولك لا يهمه أمرك

سوى تلك التي تتظاهر باللامبالاة، ولكنك تفضل كبح مشاعرك بداخلك فتدفنها ولا تُشيِّعها حتى؛ لكي لا تتسرب في مراسم الجنازة؛ فتُفضحُ في آخر الطقوس

وينكسر كبريائك، وأعلم أنك ما زلت تتعافى من أشياء

لم تخبر أحدًا عنها سوى ذلك الحائط المجاور لرأسك

فكاد أن ينهار من هول ما سمع، ولكنه ربت على كتفك

وهدأ من روعك وجعلك تستند إليه في كل مرة تتعثر فتسقط ولا تجد كتفًا حنونًا تستند عليه فكان خير صديق لك في كل أيامك السابقة وسيكون كذلك في أيامك القادمة لا تقلق.

إليك:

أكتب مجددًا رسالة ستصلك حتمًا لكنها من المحتمل أن تكون الرسالة الأخيرة التي ستصلك مني؛ لأنني بالأمس أخبرني أحدهم بأنه لا يمكن العودة إلى شيء

قد تخلصت منه في السابق، أنت تعرف من أحدهم جيدًا، وسأخبرك فأنت تعلم كم كنت أحب إخبارك بكل شيء يحدث معي

مرت تلك العبارة كالصاعقة على قلبي ولكني تحملتها وفهمت معناها ليس على

ذلك الشيء الذي كنت أتحدث أنا عنه بل على ما أريد أنا.

سأضعُ قانونًا جديدًا في حياتي، لن أعود لشيء تخلصت منه حتى ولو بقي عالق بي سأحاول كثيراً حتى أخر نفس

وأتخلص منه للأبد.

ولكن سأوصيك ببعض الأشياء:

أولًا: فلتكن بخير يا عزيزي

ثانيًا: انتبه لنفسك ولصحتك ولكل تفاصيلك

ثالثًا: لا تجعل شيئًا يقف عائلًا في وجهك، حقق أهدافك واحدا تلو الآخر، ابحث بداخلك عما تبحث عنه بالخارج حتمًا ستجده، وابحث عن تلك القابعة في زواياك

ومهما كانت ظروف الوصول إليها محالة اجعلها ممكنة

واجعل طريقك مفتوح، انظر أمامك لا خلفك وستصل بالتأكيد، ولكن عندما تصل تذكرني بدعوة صادقة خفية

في ليلة يسودها الظلام والكل نيام، ووحدك مستيقظ قم فصل واذكرني في سجودك كما أفعل لك كل يوم، وسأكون ممتنة لأنني عرفت شخص مثلك في حياتي.

إليك:

أيا حبًّا ابتدأ به عمري وسينتهي به وأنا لا زلت عليه.

من قال بأن لا معنى لسنين فمنذ ست سنوات ابتدأ عمري من جديد وكأنني حديثة الولادة كنت وما زلت طفلتك المدللة، المليئة عيناها بالشغب وتترك لها كل المجال لتتدل بين يديك، لا غرتك كل تلك الخلافات والصراعات التي تحدث بيننا، فأنت بداية كل أشيائي الجميلة ونهايتها ولا غرك تقلب مزاجي والحُزن المستمر فوق جمجمتك؛ إلا أنني رغم كل ذلك أحبك، أحتاج إليك وتحتاج إلي وكأننا لا نستطيع العيش دون بعضنا، ينتهي بنا المطاف في آخر اليوم بجوار بعضنا تتكئ عليّ فأتكئ عليك فأنت سندي ومأمني وأماني ولأكمل ما تبقى بي من عمرٍ وأنا أعزف على أوتار هواك عند شاطئ البحر وكيف بعد كل ذلك بأن افترق عنك فهل يستطيع المرء العيش دون نفسه ؟

آتيك معبئة بالهموم والأحزان فأعود خفيفة كخفة الظل

لا أشعر بنفسي سوى أني مطمئنة البال وفي قلبي مدينة فراشات تريدن التحليق بعيدًا فوق أرضك، تريد قطع كل تلك المسافات التي أصبحت بيننا بعد أن فرقتنا الغربة؛ لتسكن في بيت دافئ كدفء قلبك يا عزيزي

لعل كل تلك المسافات تقصُروأعيش ما بقي من أيامي في جوارك يا جار قلبي.

إليك:

منذ مدة طويلة جدًّا لم أكتب إليك، ولكني ها قد عدتُ لأكتب إليك رسالة من المؤكد أنها ستصل يا صاحب العينين الغريبتين، رغم أنني لا أعرف أي شيءٍ عنك الآن؛ إلا أنني سأجرب حظي هذه المرة، أتساءل هل ما زلت على قيد الحياة؟

أم أنك أصبحت في عداد الشهداء الذين رحلوا؟

آخر أخبارك التي وصلتني أنك لازلت حيّ

وهذا منذ ستة أشهر، ومنذ سبعة أشهر

آخر مرة تصفحت صفحتك على الإنستقرام كعادتي وبحثت بين متابعيك عنها وجدتك لا تتابعها فتساءلت هل تفرقتما؟

إن كان حدث ذلك فيأسفنني ويحزنني كثيرًا ذلك كان لك أيضًا قصة على شاطئ البحر

فتساءلت من جديد أين أبحرت سفينتك وإلى أي شاطئٍ أبحرت بك؟

ألن تعيدك يومًا إلى شاطئي؟

لا أعادت الرياح ولا البحار فما عاد لك شراع في بحيرتي!

هل أخبرك بسر؟

أتأمل المارة دومًا لو لي أن ألمحك في أحد منهم، ولكن أخاف ملاقاتك فأنت الكابوس الذي أريد الاستيقاظ منه، مرَّ عام أو أكثر لا أذكر المدة حقًّا على فراقنا لم أتوقع ذلك حاولت نسيانك بشتى الطرق، ولكنك لست فكرة مؤقتة أطردها من رأسي وقتما أشاء، أشعر أنك احتللت جمجمتي وشللت أركاني، حاولت نسيانك بشتى الطرق لكن لم أنسكَ، بل تقبست دور النسيان والتناسي

وكأني لم أعد أنتظرك ولم أعد أحبك فوجدت أن مشاعر الحب التي بداخلي تحولت لكرهٍ كبير لك، وأنا التي لا تكره أحد.

إليك:

بعد منتصف الليل حاولت النوم ولم أستطع، تذكرتك فهرولت مسرعةً إلى زاويتي لأكتب إليك بعدما غزت ذكرى من ذكرانا ثنايا رأسي؛ فضحكت وتلك الغصة تلازمني فتلك الليلة كانت دافئة ولا أعلم إن كانت مشاعرك دافئة

بقدر ما كانت هي، كنت أنظر إليك والابتسامة لا تفارقني، والآن لم أعد أنظر إليك حتى ولكن أتعلم لماذا؟

خوفًا من أن أرى ما لا أريد رؤيته في عينيك اللامعتين، عندما أنظر إليهما كنت أظن ذلك ناتج حبك لي، لكني الآن أظنه أنه لم يكن كذلك بل كان انعكاس لمعة عيناي من فرط الحب

يا وجع قلبي أسميتك وجع قلبي منذ أن كنا معًا أتذكر؟

وها أنت الآن وجع قلبي حقًّا!

يا ترى أيمكن أن ينسى المحبوب محبوبه؟

أم أنه يكابر ويكذب مشاعره؟

هل تتساءل حول إن كنت أحبك كسابق عهدي؟

سأنهي تساؤلك إن وجد.

تارة أتذكر ما حدث فألعنك، وألعن نفسي على ذلك الحب وكأنه خطيئة، وتارة يتقطع الفؤاد شوقًا لرؤياكَ فأظل أتأمل جميع صورك بحرقة قلبي المتلهف للقاء؛ فأنام والشوق يحتلني لألقاك في حلمي

فأركض كطفلة غائبة عن أمها تهرول لعناقها، عانقتك عناق لم أعهده من قبل كنت متشبثة بك تشبث تلك الطفلة بعباءة أمها في سوق يضج بكثيرٍ من خوفًا من الضياع، كنت كالتائهة الضائعة حد الهلاك وعلى مرئ أعين الجميع وجدتك، عانقتني لم ترغب بتركي ولم أرغب بتركك همست لي عبارة لازال صديد صوتك في أذني لم أكن حزينة بسماعها لأني أعرف تلك الحقيقة جيدًا

وأصبحت أدرك تمامًا أن الإنسان لا يستطيع بناء حياته على وهم ووهن.

قل لي كيف تُنسى الذكريات بهذه السهولة؟ كأننا لم نكن بيوم من الايام؟

كالغرباء نسير من جانب بعضنا وكأننا لم نلتقِ يومًا أحقًّا نسيت بكل تلك السرعة؟

لا أريد الكثير، فقط أريد جواب لسؤالي الذي يدور في عقلي كل يوم قل لي كيف اجعل فؤادي يكف عن حبك

وتذكرك وتقليب صورك وضحكنا المتبادل قل لي كيف انسى؟

أحقًّا سهل عليك ذلك الشيء الذي يدعى التظاهر بالنسيان أمام الجميع والبكاء خفية عند أول فرصة، واستنزاف كل طاقتي وكتابة رسائل لن ولم تصل؟!

إليك:

تشعر بغصةٍ في قلبك تأتيك فجأة بها

حنين إلى كل شيء، نظرةٌ للماضي وتفكيرٌ بالمستقبل،

الشعور بالغربة بين أحضان عائلة حزن في وسط السعادة لهفةٌ وفي نفس الوقت خوفٌ من القادم وحسرة عالماضي، الاستصعاب من كل شيء في وسط كثرت به الحلول فتسأل نفسك ألم تكسرك أشد أشيائك حبًّا؟

ألم تسأل كثيرًا لمَ حدث كل هذا؟

أو ما كان سبب ذلك كله؟

رغم أنك اعطيتها أكثر مما اخذت وأحببتها فوق طاقتك على الحب، أم أنك أعطيتها فوق حجمها؟

فتتمنى بعد كل ذلك الراحة بعد أكوام هائلة من التعب.

إليك:

أحب محادثتك دائمًا؛ لأن الحديث معك يداوي كل جروحي، يا لوحة ترغب كل المتاحف باقتنائها، امتلأتُ بحبك كما امتلأتْ السماء بنجومها، منذ أن عرفتك كنت أشعر بذلك الشعور الذي يخبرني أني أنتمي إليك، تعمدت نسيانه لفترة وجيزة، لكن الأيام عادت لتجمعنا من جديد؛ فعرفت حينها أن شعوري اتجاهك حقيقي رغم أني لم أتوقعه قط!

فأنا أنتمي إليك وأنتَ تنتمي إليّ مهما حدث سأكون لكَ وستكون لي؛ حتى لو لم يجمعنا القدر سأجعلك قدري بدعائي فالدعاء يغير القدر، سأطلبك من الله في كل سجدةٍ، وفي كل خلوة مع نفسي بجوف الليل فأنت دُنيتي الصغيرة التي تحتوي كل تفاصيلي فعيناك بحر ووجودك دوائي.

الشتاء :

أحب الشتاء كما أنني لم أحب أحدًا من قبل؛ فالسماء ملبدة بالغيوم الكثيفة، وأشجار النخيل التي أمامي

تتمايل يمينًا ويسارًا، قطرات المطر تتساقط على دفتري

استند على زاوية نافذة سطح منزلنا؛ لأكتب وأنا أتأمل الجو الجميل، فاضت مشاعري عمًّا بداخلها

أوراق شجرة الزيتون زادت خضرةً عما كانت عليهِ، سطح المنزل مليء بالقطرات الدافئة، الرياح تكاد تقتلع كل شيءٍ أمامها، كل الأشجار مبللة وليست الأشجار فقط بل كل شيءعرضة للمطر مبلل، الطيور ترفرف بالسماء يا لروعة جمالها، أرجوحتنا تهتز وكأن أحدًا يدفعها، الشعور بالارتياح يملء كل وجداني، صوت قطرات المطر يريح مسمعي، صوت قطرات المطر وهو يتساقط على الأرض فيرويها يجعلك تطمئن أنه ما زال هناك أمل، وأن الله لم ينسَ الأشجار والطيور

ولن ينساك وأنت أقرب إليه، وهو أقرب إليك من حبل الوريد.

سؤال؟

هل سبق وكنت في سبات عميق من نومك، ثمَّ استيقظت مفزوعًا والدموع كالمطر الغزير على وجنتيك؟

وكل ذلك لأنك تشتاق لمن ليسوا على قيد الحياة، لمن تحمل كل مشاعرك تجاههم، وقلبك ويحمل الكثير م الذكريات معهم، لأشخاص لن تراهم مرة أخرى

حتى أتوا بأحلامك وكنت تضمهم بين ضلوعك

وتبكي كطفل كان ضائع ووجد أمه؛ فانفجر بالبكاء لأنه أحس بالأمان بعد الخوف، وهل سبق وانتظرت شخصًا قد فارق الحياة؟

أن تتذكر تفاصيل ضحكة لن تسمعها أبدًا، وملامح وجه قد اختفت ولن تراها مرة أخرى، ولكنك لم تستطع حتى تلك اللحظة بأن تتقبل تلك الفكرة محاولًا التغاضي عن الحقيقة المؤلمة والواقع الكئيب اللذان يحاوطانك من جميع الاتجاهات.

فقيدي:

هل روادتك من قبل فكرة الفراق بيننا إلى الأبد؟

كنت أعلم أنك سترحل في يومٍ من الأيام، ولكنك رحلت أسرعُ ممَّا توقعت، وتركت بداخلي فراغ يصعب ملأهُ حتى وإن مضيت فستبقى بي وعن ذكرك ستنهال دموعي، فلا أبكيك اعتراضًا بل أبكيك شوقًا وحنينًا يمزق ما بداخلي

رحلت تاركًا إياي خلفك أنازع قدري المؤلم على مُر غيابك، وبتلك الأمانة التي أصبحت على عاتقي؛ لأصبح أنا الأم والأب في الوقت ذاته، أعلم أنني لن أستطيع تعويض مكانك، ولكني كيف أستطيع إكمال ما تبقى في حياتي من دونك؟

وكيف يستطيع المرء العيش وشعور الفقد يملأ قلبه؟

مرت الأيام فلم تزدني إلا حنينًا ولم أفق من صدمتي بعد، لعل لقيانا غدًا في دار عدنٍ أجر فؤادي الصابر، أشتاق إليك كثيرًا وأتمنى عودتك، ولكني أيقنت أنّك لن تعود أبدًا، فقدكَ يؤلمني، ولكني والحمد لله صابرة على قدري.

يا صاحبي

احذر الشوق وأخشاه فما هو إلا سهمًا

يصيبك في أعماقك ويستوطنك رغم بعد المسافات، كم هو لعين الشوق يحرق صدرك ويهدم نفسك يجعلك لا تقوى على فعل أي شيء، يؤلمك كثيرًا ويجتاحك في أي وقت وفي أي مكان وزمان، يجعلك حاضرًا جسدًا ولكنك عقلك ليس معك، عقلك في مكان بعيدٍ جدًا قد يكون فوق السحاب، وقد يكون تحت التراب، لا يستريح استراحة محارب ولا يأخذ قسط من الراحة، المهم عنده أن يحرق آخر أوراقه، إما أن يهزمك، أو أن تهزمه، لكنه فارس مغوار لديه القدرة العظمى لهزمك فاحذره يا صاحبي.

أيتها الحياة:

رفقًا بنا من لطفك فما أنتِ سوى دار دنيا، قابلنا فيكِ من خان ومن صدق، ومن بعد ومن بقي، ومن هجر ومن وصل

فيا ليت جميع من صدقوا هُم فقط مَن بقوا، ومن جعلو للهجر حبلًا للنجاة بالوصل لنعيش من بعد هجرهم مرارة الفقد والحسرة فلا سلام عليكم،

يا حياة كلكِ زائلة فانية لا محال فكوني لطيفة رؤوفة بنا وبحالنا وهوني علينا أمورنا، وسهلي علينا طرقكِ؛ لكي نعيش حياة هانئة إلى يوم نُبعث، والسلام عليكِ وعلى من فيكِ، حيثُ السلامُ ختام.